HOW TO *SELF-S1

CW00504566

The self-study method:

The book is divided into 15 study units, plus one extra theory unit covering the basics. Each unit starts with a theory page, containing the essential language in bite-size learning chunks. You will spend a large portion of your study time on each theory page. Read all of the content several times, take notes and research any words or phrases that spark an interest. It is important that you feel confident with the theory before moving onto any exercises. The exercises are there to reinforce your knowledge and should be completed without looking at the theory page. In addition to this, there is space at the end of each unit for you to choose 5 verbs, 3 nouns, 2 adjectives and 1 adverb to learn. There is also space for you to take your own notes on each unit. Understanding these key parts of speech below will help you excel in your foreign language study.

Grammar:

Verb (verbo)

A word used to describe an action, state or occurrence. If you're unsure, put "I can" in front of the word and if it makes sense, it's a verb, e.g. "I can sing".

Noun (sustantivo)

A word used to identify people, places or things. Every noun in Spanish has a grammatical gender. It's either masculine or feminine, so it's important to learn the gender when you learn a new word.

Adjective (adjetivo)

A word used to describe a noun. In Spanish, adjectives change to "agree" in gender and number with the noun they describe. If the noun is masculine, the adjective is also masculine. If the noun is plural, the adjective is also plural.

Adverb (adverbio)

A word used to describe an adjective, verb or another adverb. Adverbs can describe the way something is done, how often it's done and much more.

Example:

CONTENTS

LAS BASES

HOLA
Hello

Gracias
Thank you

Perdona Sorry

No entiendo
I don't understand

Sí yes **No** no
Gracias Thank you
No lo sé
I don't know
Vale Okay

De nada
You're welcome
Por favor
Please
Me gustaría
I would like

Los colores

- rojo
- azul
- amarillo
- verde
- morado
- rosa
- naranja
- marrón
- blanco
- negro
- gris

Los verbos

SER/ESTAR to be	**TENER** to have
Yo soy/estoy I am	Yo tengo I have

IR to go	**HACER** to do
Yo voy I go	Yo hago I do

Las vocales

A "ah"
E "eh"
I "ee"
O "oh"
U "ooh"

Los pronombres

Yo I	**Nosotros** We
Tú You	**Vosotros** You
Él/Ella He/She	**Ellos** They

Los artículos

The: el | la los | las	*El gato* The cat
	La gallina The hen
	Los gatos The cats
	Las gallinas The hens
A/an | some: un | una unos | unas	*Un gato* A cat
	Una gallina A hen
	Unos gatos some cats
	Unas gallinas some hens

Hola, soy Ana.

3
tres

BUENOS DÍAS

Informal

¿Hola, cómo estás?
Hi, how are you?

Hola, estoy bien gracias. ¿Y tú? Hi, good and you?

Muy bien, gracias.
Great, thanks.

Excelente, nos vemos pronto.
Excellent, see you soon.

Hasta mañana.
See you tomorrow.

Hola
Buenos días
Buenas tardes
Buenas noches

Formal

Buenos días señor, ¿cómo está?
Hello sir, how are you?

Buenos días señora, estoy bien gracias, ¿y usted? Hello ma'am, I'm well and you?

Estoy muy bien, gracias.
I'm very well, thank you.

Le deseo un buen día.
I wish you a good day.

Gracias, también a usted. Adiós.
Thank you, you too. Goodbye.

In Spanish, the greetings used generally depend on the person you are addressing.

Dialogo 1: informal is suitable when talking to a friend or someone you know well.

Dialogo 2: formal is suitable in a professional setting or when talking to someone new for the first time.

BUENOS DÍAS

1) Traducir Translate into Spanish

A. Hi ....

B. Hello ....

C. Good evening ....

D. Goodnight ....

E. See you soon ....

F. See you tomorrow ....

G. Have a nice day ....

H. Goodbye ....

2) Escribir Write if formal/informal

formal | informal | formal & informal

A. Hola ....

B. ¿Cómo estás? ....

C. ¿Cómo está? ....

D. ¿Y tú? ....

E. ¿Y usted? ....

F. Hasta mañana ....

G. Nos vemos ....

H. Adiós ....

3) Colorear Colour & practise saying the word

BUENOS DÍAS

4) Completar Complete the dialogue

¿Hola, cómo estás?

Bien, gracias.

Hasta mañana.

5) Emparejar Match to reorder

1
2
3
4
5

Estoy muy bien, gracias.

Le deseo un buen día.

Buenos días señora, estoy bien gracias, ¿y usted?

Gracias, también a usted. Adiós.

Buenos días señor, ¿cómo está?

6) Responder Answer

¿Cómo estás?

¿Cómo está?

7) Traducir Translate

A. Not bad ....

B. You too (formal) ....

C. And you? (informal) ....

D. Hello ma'am ....

E. Hello sir ....

F. I'm very well ....

G. Thank you ....

SELF-STUDY

Mis notas

5 verbos

3 sustantivos

2 adjetivos

1 adverbio

Prueba

Write a dialogue to practise greetings

ENCANTADO/A

Soy... I am
Encantado/a
Nice to meet you
(masculine/feminine)
¿Y tú? And you?

Hola, ¿cómo te llamas?
Hi, what's your name?

Me llamo Maria, ¿Y tú?
I'm called Maria and you?

Formal: The questions change to be formal.

Encantada, yo soy Ana.
Nice to meet you. I'm Ana.

Encantada, ¿En qué trabajas?
Nice to meet you. What do you do for work?

¿Cómo se llama usted?
¿En qué trabaja?
¿De dónde es usted?

Soy profesora, ¿Y tú?
I'm a teacher and you?

Soy dentista. ¿De dónde eres?
I'm a dentist. Where are you from?

Soy de Madrid, pero vivo en Valencia, ¿Y tú? I'm from Madrid, but I live in Valencia and you?

Soy Argentina, de Buenos Aires, pero vivo en Barcelona. I'm Argentinian, from Buenos Aires, but I live in Barcelona.

ENCANTADO/A

1) Emparejar y completar
Match and complete the answers

Bilbao | Lucía | doctora

¿Cómo te llamas?

¿En qué trabajas?

¿De dónde eres?

Soy ....

Soy de ....

Me llamo ....

2) ¿Y tú? Escribir Write about you

Me llamo

Soy de

Soy

3) Emparejar Match to reorder

1

2

3

4

5

6

¿En qué trabajas?

Me llamo Julia.

¿De dónde eres?

¿Cómo te llamas?

Soy farmacéutica.

Soy de La Coruña.

4) Escribir Complete the sentences in third person

Hola, me llamo Ángela, soy de Málaga y soy programadora.

Se **llama** ....

Es de ....

Es ....

9
nueve

ENCANTADO/A

5) Completar Complete the dialogue

Hola, ¿.............. te llamas?

Me llamo Maria, ¿Y ....?

.................., yo soy Ana.

Encantada, ¿En qué ....?

.... profesora, ¿Y tú?

Soy dentista. ¿De .... eres?

Soy de Madrid, pero .... en Valencia, ¿Y tú?

Soy ...., de Buenos Aires, pero vivo en Barcelona.

6) Investigar Research 5 job titles in Spanish & write them below

1.
2.
3.
4.
5.

7) Emparejar Match the nationality

España	argentino/a
Argentina	inglés/a
Francia	español/a
Italia	italiano/a
Inglaterra	francés/a

8) Escribir Introduce yourself

Me llamo ....

....

....

SELF-STUDY

Mis notas

Prueba

Write a text to introduce yourself and someone else

5 verbos

3 sustantivos

2 adjetivos

1 adverbio

CONTAR

1-100

1-10 uno dos tres cuatro cinco seis siete ocho nueve diez **11-20 once** doce trece catorce quince dieciséis diecisiete dieciocho diecinueve veinte **21-29 veintiuno** veintidos veintitrés veinticuatro veinticinco veintiséis veintisiete veintiocho veintinueve **30-100 treinta** cuarenta cincuenta sesenta setenta ochenta noventa cien

200: doscientos

500: quinientos

1000: mil

5000: cinco mil

1m: un millón

1b: un billón

  **72**: setenta y dos  **91**: noventa y uno

Contexto

Tiene **28** años.
She's 28 years old.

Hace **45** días.
45 days ago.

Cuesta **10** euros.
It costs 10 euros.

Son las **5** en punto.
It's 5 o'clock.

Pesa **20** kilos.
It weighs 20 kilos.

En **5** minutos.
In 5 minutes.

más

menos

por

entre

CONTAR

1) Escribir Write the numbers in digits

veinte ☐   veintiséis ☐

dieciséis ☐   treinta ☐

cinco ☐   seis ☐

nueve ☐   veintitrés ☐

dos ☐   dieciocho ☐

once ☐   siete ☐

2) Escribir Write the numbers in words

56 ....   99 ....

72 ....   86 ....

29 ....   45 ....

11 ....   64 ....

18 ....   53 ....

30 ....   15 ....

3) Emparejar Match to complete the sentences

Tiene 68	3 en punto
Cuesta 10	minutos
Pesa 40	días
Son las	euros
Hace dos	kilos
En 9	años

4) Leer Read the sentences with numbers in context

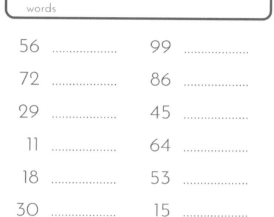

Buenos días, quisiera dos kilos de zanahorias por favor.

Llego en 10 minutos.

Hace 5 años, viajé a España.

Cuesta 15 euros.

Mi hermana tiene 22 años.

5) Decir Say these numbers aloud

10   88   102   550   1000

CONTAR

6) Responder
Answer the questions with an appropriate answer

¿Cuánto pesa?	....
¿Hace cuántos días?	....
¿En cuánto tiempo?	....
¿Qué hora es?	....
¿Cuántos años tienes?	....
¿Cuánto cuesta?	....

7) Decir
Say the sums aloud

1. cinco por dos
2. veinte más tres
3. cien menos veinte
4. diez por diez
5. dos más cuatro
6. cien entre dos
7. veinte por dos

8) Leer
Read the café order and write the quantities below

Buenos días, quisiera cinco cafés, dos tés y un vaso de agua. Me llevo también tres cruasanes vacíos y cuatro cruasanes de chocolate, por favor.

☐	café
☐	té
☐	vaso de agua

☐	cruasán vacío
☐	cruasán de chocolate

9) Decir
Say the order

Buenos días, quiero

- 2 cafés
- 3 tés
- 5 vasos de agua
- 4 cruasanes vacíos
- 1 cruasán de chocolate

SELF-STUDY

Mis notas

Prueba

Write some sentences with numbers in context

5 verbos

3 sustantivos

2 adjetivos

1 adverbio

LOS DÍAS

- lunes
- martes
- miércoles
- jueves
- viernes
- sábado
- domingo

¿Cuándo?

hoy
today

mañana
tomorrow

pasado mañana
day after tomorrow

ayer
yesterday

anteayer
day before yesterday

El día

la mañana
morning

la tarde
afternoon

la noche
night

el día
day

la semana
week

el fin de semana weekend

LOS MESES

enero	febrero	marzo
abril	mayo	junio
julio	agosto	septiembre
octubre	noviembre	diciembre

Las estaciones

el invierno | la primavera
el verano | el otoño
winter | spring | summer | autumn

¿Cuándo?

pasado | pasada last

próximo | próxima next

este | esta this

LOS DÍAS & MESES

1) Escribir Write the correct day

Hoy es
....

Mañana será
....

Ayer fue
....

Pasado mañana será
....

Anteayer fue
....

2) Escribir Write the correct month

Este mes ....

El mes pasado ....

El próximo mes ....

Mi cumpleaños ....

Esta estación ....

Mi estación favorita

....

4) Escribir y colorear Write and colour the days of the week

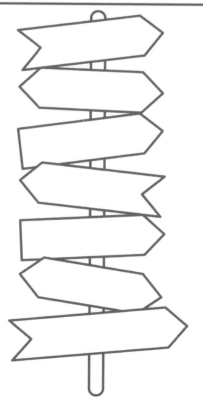

3) Escribir Write the missing months

1	2	3
enero	....	marzo
4	**5**	**6**
abril	mayo	....
7	**8**	**9**
....	agosto	....
10	**11**	**12**
....	noviembre	....

17
diecisiete

LOS DÍAS & MESES

5) Leer y responder
Read the text and answer the questions

Horario de las clases

Abierto de septiembre a junio. Cerrado durante las vacaciones de verano: julio y agosto y las vacaciones de invierno: dicembre. Días de las clases: de lunes a viernes de 8 hasta las 19. El sábado: clases solo por la mañana de 9 hasta las 11:30. El domingo: cerrado.

horario: timetable | abierto: open | cerrado: closed
vacaciones: holidays | de: from | hasta: until

Las preguntas

1. ¿Abre todos los días?

....

2. ¿Qué meses son las vacaciones?

....

3. ¿Qué clases hay el fin de semana?

....

4. ¿Está abierto en octubre?

....

5. ¿Está cerrado en noviembre?

....

6) Escribir
Write the dates

lun 08/09 ....

jue 10/05 ....

sab 22/12 ....

mie 19/08 ....

mar 30/02 ....

dom 02/10 ....

7) Colorear
Colour and practise the seasons

invierno

primavera

verano

otoño

SELF-STUDY

Mis notas

Prueba
Write the days, months and seasons

5 verbos

3 sustantivos

2 adjetivos

1 adverbio

EL CLIMA

Hace frío.

Hace calor.

-10°C
Hace menos diez grados.

30°C
Hace 30 grados.

Está fresco
It's fresh

¿Qué tiempo hace?

Hace buen tiempo It's nice weather

Hace mal tiempo It's bad weather

Está soleado It's sunny

Está nublado It's cloudy

Hay viento It's windy

Hay una tormenta There's a storm

Llueve It's raining

Nieva It's snowing

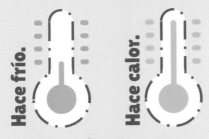

El sol

Hoy	Ayer	Mañana
Hace	Hacía	Hará
Hay	Había	Habrá
Está	Estaba	Estará
Llueve	Llovía	Lloverá
Nieva	Nevaba	Nevará

La nieve

La lluvia

La nube

La tormenta

El viento

 **El paraguas**

EL CLIMA

1) Emparejar Match the word and picture

El sol

La nube

La nieve

La lluvia

La tormenta

El viento

2) Escribir Write how the weather is

8°C: *Hace 8 grados. Hace frío.*

20°C ....

30°C ....

5°C ....

-2°C ....

0°C ....

3) Leer y traducir Read and translate the sentences

Hoy hace buen tiempo. Hace 28 grados y está soleado.

Mañana hará mucho calor. En la tarde, habrá una tormenta.

Ayer hacía mal tiempo. Llovía. Hacían 18 grados.

4) Responder Answer about the weather where you are

¿Qué tiempo hace hoy?

¿Qué tiempo hacía ayer?

¿Qué tiempo hará mañana?

EL CLIMA

5) Transformar Transform the sentences into the past

presente	pasado
Hay viento.	....
Llueve.	....
Nieva.	....
Hace buen tiempo.	....

6) Escribir Use a weather noun to write an opinion (I prefer, I like, I don't like, I love, I hate)

Prefiero ....

Me gusta ....

No me gusta ....

Amo ....

Odio ....

7) Decir Say the weather forecast in the future tense

El pronóstico

Madrid — 10°C

Valencia — 15°C

Bilbao — 5°C

Barcelona — 11°C

Molina de Aragón — -1°C

Cádiz — 18°C

Málaga — 23°C

SELF-STUDY

Mis notas

Prueba
Write about the weather

5 verbos

3 sustantivos

2 adjetivos

1 adverbio

A COMER

El desayuno
breakfast
Los huevos eggs
Los cereales cereal
El pan bread

El almuerzo
lunch
La pasta pasta
El arroz rice
La carne meat

La merienda
snack
El chocolate chocolate
Las patatas fritas crisps
La fruta fruit

La cena
dinner
El pescado fish
La verdura veg
El queso cheese

El postre
dessert
La torta cake
Las galletas biscuits
El helado ice cream

Las bebidas
drinks
El agua water
El café coffee
El zumo de frutas fruit juice

Frases útiles

Tengo hambre. ¿Tienes hambre?
I'm hungry. Are you hungry?

Tengo sed.
I'm thirsty.

Soy vegetariano/vegetariana.
I am vegetarian. (masculine/feminine).

Soy vegano/vegana.
I am vegan.

No como... (carne)
I don't eat... (meat)

Soy alérgico/alérgica.
I am allergic.

Verbos
comer
beber
tomar
cocinar

Yo como
I eat

Yo tomo
I take/have

Yo cocino
I cook

Yo bebo
I drink

A COMER

1) Escribir Write what you eat

De desayuno como...

De almuerzo como...

De cena como...

2) Escribir Write whether you eat it or not

como | no como

3) Leer y responder Read and answer the questions below

A: Normalmente, almuerzo en casa y como pasta.

B: Si tengo mucho trabajo, como un bocadillo en la oficina.

C: Durante el descanso del almuerzo, voy al restaurante con mis colegas. Como carne o pescado.

ABC?

1. ¿Quién come en la oficina?
2. ¿Quién come pescado?
3. ¿Quién come pasta?

4) Completar Complete the sentences about you

1. No como ....
2. Mi postre favorito es ....
3. Si tengo sed, bebo ....
4. De merienda, como ....

A COMER

Es casi la una. ¿Tienes hambre?

Sí, tengo hambre, ¿Qué comemos hoy?

Pasta o arroz, ¿Qué prefieres?

Pasta, por favor. ¿Y de postre?

Tenemos helado de chocolate.

comemos | soy | sed | como
comí | tengo

1. .... hambre.

2. ¿Tienes ....?

3. .... mucho.

4. .... vegetariana.

5. No .... queso.

6. ¿Qué ....?

Los cereales Buena Salud

¿Vuestros hijos no comen bien durante el desayuno? ¡Prueba nuestros cereales Buena Salud! De chocolate, de miel o de fresa. Un verdadero gusto, ¡sin azúcares agregados! Los cereales Buena Salud son buenos para los niños y para sus dientes. Los cereales Buena Salud, están disponibles en un supermercado cercano a ti.

1. **Es una publicidad para**
   cereales/chocolate/fresas
2. **Son para**
   adolescentes/adultos/niños
3. **Son de chocolate, miel y de**
   limón/fresa/banana
4. **Son buenos para los**
   huesos/ojos/dientes
5. **Están disponibles en**
   restaurantes/supermercados/ mercados

SELF-STUDY

Mis notas

Prueba

Write about your meals

5 verbos

3 sustantivos

2 adjetivos

1 adverbio

EN EL MERCADO

La fresa

Buenos días señor, un kilo de zanahorias, por favor. Hello sir, a kilo of carrots, please.

La zanahoria

La banana

El espárrago

Un kilo de zanahorias, ¿Y qué más? A kilo of carrots and what else?

El brócoli

Tres tomates y dos kilos de patatas. 3 tomatoes and 2 kilos of potatoes.

El tomate

La manzana

Vale, ¿Algo más? Okay, anything else?

No gracias, eso es todo. No thanks, that'll be all.

Las fresas están en promoción hoy. ¿Quiere algunas? The strawberries are on offer. Would you like some?

La patata

Sí, porque no. Me llevo medio kilo por favor y ponme también 5 bananas. Yes, why not. I'll have half a kilo please and also 5 bananas.

Muy bien, señora. Serán 15 euros. Okay ma'am. That'll be 15 euros.

El aguacate

Aquí tiene, señor. Gracias y que tenga un buen día. Here you are sir. Thank you and have a nice day.

La piña

Los guisantes

EN EL MERCADO

1) Escribir Write the letters

L_ m_nza_a

La fr_s_

El _spá_r_g_

Los gu_sa_t_s

L_ za_ah_ria

La pi_a

El t_ma_e

2) Emparejar Match to reorder

1

2

3

4

5

Vale, ¿Algo más?

Entonces, un kilo de zanahoria serán 2€.

Aquí tiene, señor. Que tenga un buen día.

Quisiera un kilo de zanahorias, por favor.

No gracias, eso es todo.

3) Leer y escribir Read the description and write the fruit/veg

Una verdura naranja que crece en la tierra.

Un fruta cuyo color es también su nombre. Es también una bebida.

Una verdura verde que se parece a un árbol.

4) Decir Say this market order

Quisiera...

 1 kilo

 4 kilos

 x5

 x3

 2 kilos

...por favor.

EN EL MERCADO

5) Escribir Write the number and name

1x

12x

24x

30x

6) Escribir Write in the negative

Hay 5 tomates.	No hay tomates.
Hay 3 limones.	
Hay 6 naranjas.	
Hay 10 manzanas.	

7) Traducir Translate

A. Quisiera

....

B. ¿Algo más?

....

C. No, thank you

....

D. On offer

....

E. Would you like some?

....

F. Here you are

....

G. Have a nice day

....

8) Escribir Write a dialogue

En el mercado

....

....

....

....

....

....

....

....

SELF-STUDY

Mis notas

Prueba

Write a dialogue ordering fruit and vegetables at the market

5 verbos

3 sustantivos

2 adjetivos

1 adverbio

EN EL RESTAURANTE

un tenedor **un cuchillo** **una cuchara**

un plato

una servilleta
napkin

un vaso
glass

El diálogo

Entrantes
- Sopa de verduras
  - Ensalada

Principales
- Pollo asado con verduras
  - Paella vegetariana
  - Pasta con tomate

Postres
- Arroz con leche
- Bola de helado

Hola, quiero la sopa para comenzar, por favor.
Hello, I would like the soup to start please.

Vale, ¿Y de principal?
Okay, and for your main?

¿Dónde está el baño?
Where is the toilet?

Ponme el pollo asado, por favor.
I'll have the roast chicken please.

Vale, apuntado.
Okay, it's noted.

¿Me traes la cuenta?
Can I have the bill?

Muchas gracias.
Thank you very much.

EN EL RESTAURANTE

1) Traducir Translate

A. A fork ....

B. A knife ....

C. A spoon ....

D. A plate ....

E. A napkin ....

F. A bowl ....

G. A glass ....

2) Leer y completar Read the dialogue and complete the final line

Buenas tardes, ¿Estás lista para pedir?
Good evening, are you ready to order?

Buenas tardes, creo que sí. De entrante quiero la ensalada.
Good evening, I think so. For starters I'm going to get the salad.

Muy bien, ¿Y de principal?
Okay and for your main?

El pollo asado, por favor.
The roast chicken, please

Perfecto, me lo apunto.
Okay, it's been noted.

• • •

¿Quieres algún postre?
Would you like a dessert?

....
....

3) Leer y escribir Read the menu and write an order

Entrantes
- Sopa de verduras
- Ensalada

Principales
- Pollo asado con verduras
- Paella vegetariana
- Pasta al tomate

Postres
- Arroz con leche
- Bola de helado

De entrante, quiero...
....
....

EN EL RESTAURANTE

4) Emparejar Match to put the dialogue in order

1
2
3
4
5

> De principal, quiero la paella.

> Muy bien, ¿Y de principal?

> Sí, la ensalada para empezar, por favor.

> Buenos días, ¿Están listos?

> Vale, apuntado.

5) Escribir Write your own menu

Entrantes
-
-

Principales
-
-

Postres
-
-

Bebidas
-
-

6) Traducir Translate

I would like...

....

I'll have...

....

The bill

....

Where are the toilets?

....

7) Escribir Book a table (day, time, amount of people)

> Puedo reservar una mesa para...
>
> ....
> ....
> ....
> ....
> ....

SELF-STUDY

Mis notas

Prueba

Write how you would order food at your favourite restaurant

5 verbos

3 sustantivos

2 adjetivos

1 adverbio

LOS OBJETOS

El bolígrafo

El lápiz

El ordenador

El libro

El papel

El móvil

La llave

El reloj

El cepillo de dientes

La botella

LOS OBJETOS

1) **Completar** Complete the crossword

2) **Trasformar** Transform the words into plural or singular

*singular -> plural | **The**: el / la -> los / las | **A/an**: un / una -> unos / unas*

1. La botella ....
2. .... Los bolígrafos
3. El móvil ....
4. El libro ....
5. .... Los lápices
6. Un papel ....
7. Un ordenador ....
8. Una llave ....
9. .... Los cepillos de dientes
10. El reloj ....

3) **Completar** Write the correct object

A. Se usa el .... para cepillarse los dientes.
B. Se usa el .... para escribir.
C. Se usa el .... para trabajar.
D. Se usa la .... para beber.

4) **Completar** Complete the sentence with a colour | mi = my

1. Mi móvil es ....
2. Mi bolígrafo es ....
3. Mi ordenador es ....
4. Mi cepillo de dientes es ....
5. Mi botella es ....

5) **Colorear**

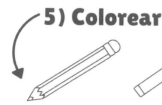 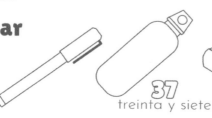  

LOS OBJETOS

6) Leer y escribir Read the description and write the object

Se usa para escribir o dibujar.

[   ]

Se usa para abrir y cerrar la puerta.

[   ]

Se usa para saber la hora.

[   ]

7) Emparejar Match the translations

I've finished my book.	He perdido mis llaves.
I need a sheet of paper.	Mi móvil se quedó sin batería.
My phone has no battery.	Mi reloj se detuvo.
My watch has stopped.	Terminé mi libro.
I've lost my keys.	Necesito una hoja de papel.

8) Traducir Translate

A. I've lost my phone.

....

B. I need a pen.

....

C. My laptop has no battery.

....

D. I need a watch.

....

9) Investigar Research 6 other objects you use every day

1.

2.

3.

4.

5.

6.

SELF-STUDY

Mis notas

Prueba

Write a list of objects with a verb to say how you use each item

5 verbos

3 sustantivos

2 adjetivos

1 adverbio

TODOS LOS DÍAS

Leo un libro.

Cocino y como.

Estudio Español.

Leo un libro.

Trabajo en el ordenador.

Uso el móvil.

Veo una serie.

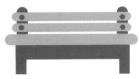

Doy un paseo por el parque.

Entreno en el gimnasio.

Hago deporte.

Hago las compras en el supermercado.

Ayer (pasado)
Leí, cociné, comí, estudié, trabajé, usé, ví, dí un paseo, entrené, hice.

Mañana (futuro)
Leeré, cocinaré, comeré, estudiaré, trabajaré, usaré, veré, daré un paseo, entrenaré, haré.

TODOS LOS DÍAS

1) Completar — Complete the sentences

hago x 2 | doy | veo | leo | trabajo
estudio | entreno | uso | cocino

1. .... en el ordenador.
2. .... un paseo.
3. .... la cena.
4. .... una serie.
5. .... deporte.
6. .... español.
7. .... el móvil.
8. .... las compras.
9. .... un libro.
10. .... en el gimnasio.

3) Trasformar — Transform the verbs into the future

presente	futuro
Hago	....
Estudio	....
Veo	....
Trabajo	....
Leo	....
Uso	....
Voy	....
Entreno	....

2) Trasformar — Transform the verbs into the past

presente	pasado
Hago	....
Estudio	....
Veo	....
Trabajo	....
Leo	....
Uso	....
Voy	....
Entreno	....

4) Emparejar — Match the verb with its infinitive form

Hago	entrenar
Estudio	ir
Veo	leer
Leo	hacer
Cocino	estudiar
Voy	trabajar
Entreno	ver
Trabajo	cocinar

TODOS LOS DÍAS

5) Escribir Complete the sentences with me gusta (I like) or tengo que (I have to)

1. .... ver una serie.
2. .... trabajar en el ordenador.
3. .... hacer las compras en el supermercado.
4. .... hacer deporte.
5. .... cocinar la cena.

6) Leer Read the text about a typical day

Un día promedio

Por la mañana, entreno en el gimnasio. Después, trabajo en el ordenador. Por la tarde, hago las compras en el supermercado y doy un paseo. Por la noche, veo una serie y después leo un libro.

7) Escribir Write about a typical week day using the text above to help

....
....
....
....
....
....
....
....
....
....
....

8) Escribir Write 5 things you did yesterday using the past tense

1...
....
2...
....
3...
....
4...
....
5...
....

SELF-STUDY

Mis notas

Prueba

Write a list of the things you do every day

5 verbos

3 sustantivos

2 adjetivos

1 adverbio

¿CÓMO ESTÁS?

¿Qué tal?
How's it going?

¿Qué te pasa?
What's the matter?

¿Cómo te sientes?
How are you feeling?

NADA
nothing

Me divierto
I'm having fun

Me aburro
I'm bored

Estoy cansado/a
I'm tired

Estoy triste
I'm sad

Estoy feliz
I'm happy

Estoy enfermo/a
I'm sick

Tengo hambre
I'm hungry

Me siento mal
I feel unwell

Tengo sed
I'm thirsty

Me duele/n
I'm in pain

Tengo calor
I'm hot

la cabeza headache

la barriga tummy ache

Tengo frío
I'm cold

la espalda backache

los dientes toothache

Tengo miedo
I'm scared

¿CÓMO ESTÁS?

1) Completar
Complete the columns with the key phrases

Estoy	Me	Tengo

2) Emparejar
Match the problem with the solution

El problema -> La solución

Tengo hambre	Quítate el abrigo
Tengo calor	Toma una pastilla
Tengo sed	Cómete algo
Me duele la cabeza	Ponte el abrigo
Tengo frío	Bebe agua

3) Escribir
Write what you do in each situation

1. Si tengo hambre,

....

2. Si tengo calor,

....

3. Si tengo sed,

....

4. Si me duele la cabeza,

....

5. Si tengo frío,

....

6. Si me aburro,

....

4) Completar
Complete the phrases

A. Estoy ....

B. .... cansada

C. .... enferma

D. Me .... la espalda

E. Me duele ....

F. Me siento ....

G. .... frío

H. ¿.................. pasa?

¿CÓMO ESTÁS?

5) Traducir Translate

1. I have a headache.
....

2. He has a toothache.
....

3. She has a backache.
....

4. I have a tummy ache.
....

5. I feel unwell.
....

6. He is sick.
....

6) Completar Complete the dialogue

siento | pastilla | qué te|
segura | gracias | barriga

> ¿Qué tal?

> Bien...

> ¿Estás ....?

> No, de hecho me ....
> mal.

> ¡Lo sabía! ¿......................... pasa?

> Me duele la ....

> Lo siento. ¿Quieres una
> ....?

> ...., eres muy amable.

7) Escribir Write a suggestion for each problem

A. Tengo hambre
....

B. Tengo sed
....

C. Me duele la cabeza
....

D. Me aburro

8) Traducir Translate

> ....
> I'm tired

> ....
> I'm sad

> ....
> I'm happy

SELF-STUDY

Mis notas

Prueba

Write how you feel in different situations

5 verbos

3 sustantivos

2 adjetivos

1 adverbio

LAS PREGUNTAS

¿Te puedo hacer una pregunta?
Can I ask you a question?

¿Qué?
What?

¿Por qué?
Why?

¿Quién/Quienes?
Who?

¿Cuánto?
How much/many?

¿Dónde?
Where?

¿Cómo?
How?

¿Cuál/Cuáles?
Which?

¿Cuándo?
When?

Las preguntas

¿Por qué lloras?
Why are you crying?

¿Qué ves?
What are you watching?

¿Dónde está el coche?
Where is the car?

¿Cuándo te vas?
When do you leave?

¿Cómo estás?
How are you?

¿Cuál prefieres?
Which one do you prefer?

¿Quién viene a la fiesta?
Who is coming to the party?

¿Cuánto te debo?
How much do I owe you?

¿Qué vas a hacer esta noche?
What are you doing tonight?

¿Me puedes ayudar?
Can you help me?

LAS PREGUNTAS

1) Traducir Translate

A. Who ....

B. What ....

C. Where ....

D. When ....

E. How ....

F. How much ....

G. Why ....

H. Which ....

2) Completar Complete the question

1. ¿...................... lloras?

2. ¿...................... estás?

3. ¿...................... prefieres?

4. ¿...................... está el coche?

5. ¿...................... viene a la fiesta?

6. ¿...................... te debo?

7. ¿...................... te vas?

8. ¿...................... vas a hacer esta noche?

3) Emparejar Match the question with the answer

¿Qué?	Mi hermana
¿Cuándo?	En la escuela
¿Dónde?	El 6 de enero
¿Quién?	5 euros
¿Cuánto?	Una manzana

4) Escribir Read the answer and write the question

1. ....

- Él es mi hermano.

2. ....

- El coche es azul.

3. ....

- Me llamo Florencia.

4. ....

- El libro cuesta 5 euros.

5. ....

- Como una pizza.

6. ....

- Mi cumpleaños es el 5 de junio.

LAS PREGUNTAS

5) Responder Answer the following questions

1. **¿Cuál** es tu color favorito?
....

2. **¿Qué** comiste hoy?
....

3. **¿Cuándo** es tu cumpleaños?
....

4. **¿Dónde** está tu móvil?
....

5. **¿Cuánto** te costó tu camiseta?
....

6. **¿Quién** es tu autor favorito?
....

6) Responder Answer the questions about the dolphin

El delfín

¿De qué color es?	
¿Tiene piernas?	
¿Sabe nadar?	
¿Qué come?	
¿Dónde vive?	

7) Escribir Write qué or leave blank if it's a yes or no question

1. ¿.................... te gusta el deporte?

2. ¿.................... me puedes ayudar?

3. ¿.................... vas a hacer esta noche?

4. ¿.................... vas a comer hoy?

5. ¿.................... te gustan las manzanas?

8) Escribir
Write any three questions

1.

2.

3.

SELF-STUDY

Mis notas

Prueba
Write and answer some common questions

5 verbos

3 sustativos

2 adjetivos

1 adverbio

¿DÓNDE ESTÁ?

La planta está sobre la silla.

La manzana está dentro de la bolsa.

La planta está detrás de la silla.

La manzana está debajo de la silla.

La planta está al lado de la silla.

La planta está en frente de la silla.

La manzana está entre la silla y la planta.

¿DÓNDE ESTÁ?

1) Emparejar Match the preposition to the picture

detrás

dentro

debajo

sobre

al lado

en frente

2) Traducir Translate

A. In front ....

B. Behind ....

C. Next to ....

D. On top of ....

E. Between ....

F. Under ....

G. Inside ....

4) Escribir Write a sentence using a preposition

3) Traducir Translate

1. The phone is next to the book.

....

2. The orange is behind the bottle.

....

3. The phone is in front of the computer.

....

4. The watch is on the table.

....

5. The key is behind the pen.

....

6. The pencil is between the books.

....

¿DÓNDE ESTÁ?

5) Dibujar Draw the apple in the correct place

La manzana está debajo de la mesa.

La manzana está detrás de la mesa.

La manzana está en frente de la mesa.

La manzana está al lado de la mesa.

6) Responder Answer the questions about where the things are in the picture

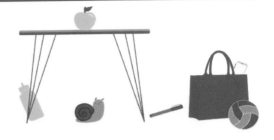

1. ¿Dónde está la planta?

....

2. ¿Dónde está la manzana?

....

3. ¿Dónde está la botella?

....

4. ¿Dónde está el caracol?

....

5. ¿Dónde está el bolígrafo?

....

6. ¿Dónde está el móvil?

....

7. ¿Dónde está la pelota?

....

8. ¿Dónde está el bolso?

....

7) Responder Answer the questions about where your things are

A. ¿Dónde está tu bolígrafo?

....

B. ¿Dónde está tu móvil?

....

C. ¿Dónde está tu computador?

....

D. ¿Dónde está tu libro?

....

SELF-STUDY

Mis notas

Prueba

Write where things are around you

5 verbos

3 sustantivos

2 adjetivos

1 adverbio

LOS VERBOS

In Spanish, there are two verbs for **to be**: **ser** and **estar**. **Ser** is used for more permanent states of being, while **estar** is used for temporary states of being. The best way to learn them is through examples.

ser

yo soy
tu eres
él/ella es
nosotros somos
vosotros sois
ellos son

soy I am
fuí I was
era I used to be
seré I will be

Ex: Soy español.
I am Spanish.

estar

yo estoy
tu estás
él/ella está
nosotros estámos
vosotros estáis
ellos están

estoy I am
estuve I was
estaba I used to be
estaré I will be

Ex: Estoy en Madrid.
I am in Madrid.

poder
to be able to
querer
to want
tener que
to have to
saber
to know

Puedo entender el español.
I can understand Spanish.

Quiero irme de vacaciones.
I want to go on holiday.

Tengo que trabajar todos los días.
I have to work every day.

Sé hablar tres idiomas.
I know how to speak three languages.

hacer do
hago
hice
hacía
voy a hacer
haré

ir go
voy
fui
iba
voy a ir
iré

tomar take
tomo
tomé
tomaba
voy a tomar
tomaré

tener have
tengo
tuve
tenía
voy a tener
tendré

LOS VERBOS

1) Completar con ser

1. Yo .... rubia.

2. Tú .... médico.

3. Ella .... alta.

4. Él .... español.

5. Nosotros .... colombianos.

6. Vosotros .... hermanos.

7. Ellos .... mis amigos.

2) Completare con estar

1. Yo .... de vacaciones.

2. Tú .... feliz.

3. Ella .... cansada.

4. Él .... de acuerdo conmigo.

5. Nosotros .... en Valencia.

6. Vosotros .... aburridos.

7. Ellos .... en la casa.

3) Traducir Translate using the sentences above to help

1. I am tired. (estar)

....

2. You are tall. (ser)

....

3. They are in Barcelona. (estar)

....

4. We are Cuban. (ser)

....

5. She agrees with me. (estar)

....

6. He is in the house. (estar)

....

4) Emparejar Match the translations

presente

Puedo	I have to
Quiero	I can
Tengo que	I know
Sé	I want

pasado

Podía	I knew
Quería	I could
Tenía que	I wanted
Sabía	I had to

LOS VERBOS

5) Traducir Translate

1. I have to prepare lunch.

....

2. I can go for a walk tomorrow.

....

3. I know how to send an email.

....

4. I want to travel by plane.

....

5. I want to go to the beach.

....

6) Completar Complete the sentences

1. Tengo que ....

....

2. Quiero ....

....

3. Puedo ....

....

4. Sé ....

....

7) Transformar Transform the past tense verbs to the future

Pasado –> Futuro

Hice	....
Fui	....
Tomé	....
Estuve	....
Tuve	....
Comí	....
Quise	....

8) Traducir Translate

1. I went to Spain. (ir)

....

2. I have a headache. (tener)

....

3. I did my food shopping. (hacer)

....

4. I took the bus. (tomar)

....

5. I have 2 brothers. (tener)

....

6. I'll go to the shop tomorrow. (ir)

....

SELF-STUDY

Mis notas

5 verbos

3 sustantivos

2 adjetivos

1 adverbio

Prueba

Write some verbs you use every day in sentences

EN MI OPINIÓN

Use **gusta** when the noun that follows is singular, or with an infinitive verb. Use **gustan** when the noun that follows is plural.

👍 Me gusta/gustan

👎 No me gusta/gustan

Creo que sea...
I believe that it's...

Me parece que sea...
I find that it's...

Pienso que sea...
I think that it's...

En mi opinión, es
In my opinion, it's...

Los adjetivos

*the adjectives are shown in masculine first, then feminine

bueno | buena
good

malo | mala
bad

grande
big

pequeño | pequeña
small

nuevo | nueva
new

viejo | vieja
old

fácil
easy

difícil
difficult

aburrido | aburrida
boring

divertido | divertida
fun

hermoso | hermosa
beautiful

feo | fea
ugly

EN MI OPINIÓN

1) Traducir Translate

A. Fun ....
B. Boring ....
C. Big ....
D. Small ....
E. New ....
F. Old ....
G. Easy ....
H. Hard ....

2) Traducir Translate

1. It's beautiful.

....

2. I think that it's boring.

....

3. I find that it's difficult.

....

4. In my opinion it's ugly.

....

3) Escribir Write your opinion on the following things

1. Aprender español

....

2. Ver un juego de Fútbol

....

3. Comer una pizza

....

4. Hacer las compras

....

5. Trabajar

....

6. Tomar café

....

4) Escribir Write two likes and two dislikes

👍 Me gusta

👎 No me gusta

EN MI OPINIÓN

5) Emparejar Match the masculine to the feminine adjectives

nuevo	mala
viejo	fea
aburrido	nueva
hermoso	pequeña
feo	aburrida
malo	vieja
pequeño	hermosa

6) Escribir Choose an adjective to write

El = masculine | La = feminine

1. La casa es ....
2. El chico es ....
3. La montaña es ....
4. El café es ....
5. El español es ....
6. El libro es ....
7. La manzana es ....
8. El supermercado es ....
9. La piscina es ....
10. El cine es ....

7) Leer y responder Read the texts and answer the comprehension questions

A: Me gusta el deporte, pero no me gusta el fútbol.

B: Me gusta el español, pero me parece que sea difícil.

C: Pienso que hacer las compras sea aburrido.

ABC?

1. ¿A quién no le gusta ir de compras?
2. ¿A quién le gusta el deporte?
3. ¿A quién le gusta el español?

8) Investigar Research five adjectives in Spanish and write them below

1.
2.
3.
4.
5.

SELF-STUDY

Mis notas

5 verbos

3 sustantivos

2 adjetivos

1 adverbio

Prueba
Write some of your own opinions

✳ THE AUTHOR & ILLUSTRATOR

Madeleine is a lifelong linguist, a qualified languages teacher and a self-taught illustrator. She has combined her passions and expertise into creating foreign language learning books.
This book is also available in French and Italian.
Get to know me @languageswithmaddy

www.languageswithmaddy.com

Printed in Great Britain
by Amazon

37051233R00039